Pineapple Doilies™

General Information

Many of the products used in this pattern book can be purchased from local craft, fabric and variety stores, or from the Annie's Attic Needlecraft Catalog (see Customer Service information on page 24).

Golden Pineapples

SKILL LEVEL

INTERMEDIATE

FINISHED SIZE
15½ inches in diameter

MATERIALS
- DMC Cebelia size 10 crochet cotton (1¾ oz/282 yds/50g per ball):
  2 balls #743 medium yellow
- Size 7/1.65mm steel crochet hook or size needed to obtain gauge

GAUGE
4 dc = ½ inch; 5 dc rows = 1 inch

PATTERN NOTES

Join with slip stitch as indicated unless otherwise stated.

Chain-4 at beginning of rounds counts as first treble crochet unless otherwise stated.

INSTRUCTIONS
DOILY

Rnd 1: Ch 6, **join** (*see Pattern Notes*) in beg ch to form ring, **ch 4** (*see Pattern Notes*), tr in ring, ch 2, [2 tr in ring, ch 2] 7 times, join in 4th ch of beg ch-4. (*16 tr, 8 ch sps*)

Rnd 2: Ch 4, tr in next st, ch 2, tr in next ch-2 sp, ch 2, [tr in each of next 2 sts, ch 2, tr in next ch-2 sp, ch 2] around, join in 4th ch of beg ch-4. (*24 tr, 16 ch sps*)

Rnd 3: Ch 4, tr in next st, ch 3, tr in next st, ch 3, [tr in each of next 2 sts, ch 3, tr in next st, ch 3] around, join in 4th ch of beg ch-4.

Rnd 4: Ch 4, *2 tr in next st, ch 3, (tr, ch 2, tr) in next st, ch 3**, tr in next st, rep from * around, ending last rep at **, join in 4th ch of beg ch-4. (*40 tr, 24 ch sps*)

Rnd 5: Ch 4, tr in same st, *tr in each of next 2 sts, ch 3, sk next ch sp, (tr, ch 2, tr) in next ch-2 sp, ch 3**, 2 tr in next st, rep from * around, ending last rep at **, join in 4th ch of beg ch-4. (*48 tr, 24 ch sps*)

Rnd 6: Ch 4, tr in same st, *tr in each of next 3 sts, ch 3, sk next ch sp, 7 tr in next ch-2 sp, ch 3**, 2 tr in next st, rep from * around, ending last rep at **, join in 4th ch of beg ch-4. (*96 tr, 16 ch sps*)

Rnd 7: Ch 4, tr in same st, *tr in each of next 4 sts, ch 3, sk next ch sp, tr in next st, [ch 1, tr in next st] 6 times, ch 3**, 2 tr in next st, rep from * around, ending last rep at **, join in 4th ch of beg ch-4. (*104 tr, 48 ch-1 sps, 16 ch-3 sps*)

Rnd 8: Ch 4, tr in same st, *tr in each of next 5 sts, ch 3, sk next ch sp, sc in next ch-1 sp, [ch 2, sc in next ch-1 sp] 5 times, ch 3**, 2 tr in next st, rep from * around, ending last rep at **, join in 4th ch of beg ch-4. (*56 tr, 48 sc, 40 ch-2 sps, 16 ch-3 sps*)

Rnd 9: Ch 4, tr in each of next 2 sts, *ch 1, sk next st, tr in each of next 3 sts, ch 4, sk next ch sp, sc in next ch-2 sp, [ch 2, sc in next ch-2 sp] 4 times, ch 4**, tr in each of next 3 sts, rep from * around, ending last rep at **, join in 4th ch of beg ch-4. (*48 tr, 32 ch-2 sps, 16 ch-4 sps, 8 ch-1 sps*)

Rnd 10: Ch 4, tr in each of next 2 sts, *ch 2, tr in each of next 3 sts, ch 4, sc in next ch-4 sp, ch 4, sc in next ch-2 sp, [ch 2, sc in next ch-2 sp] 3 times, ch 4, sc in next ch-4 sp, ch 4**, tr in each of next 3 sts, rep from * around, ending last rep at **, join in 4th ch of beg ch-4. (*48 tr, 32 ch-2 sps, 32 ch-4 sps*)

Rnd 11: Ch 4, tr in each of next 2 sts, *ch 3, tr in each of next 3 sts, ch 4, sc in next ch-4 sp, ch 6, sk next ch-4 sp, sc in next ch-2 sp, [ch 2, sc in next ch-2 sp] twice, ch 6, sk next ch-4 sp, sc in next ch-4 sp, ch 4**, tr in each of next 3 sts, rep from * around, ending last rep at **, join in 4th ch of beg ch-4. (*48 tr, 16 ch-2 sps, 16 ch-6 sps, 16 ch-4 sps, 8 ch-3 sps*)

Rnd 12: Ch 4, tr in each of next 2 sts, *ch 4, tr in each of next 3 sts, ch 4, sc in next ch-4 sp, ch 7, sk next ch-6 sp, sc in next ch-2 sp, ch 2, sc in next ch-2 sp, ch 7, sk next ch-6 sp, sc in next ch-4 sp, ch 4**, tr in each of next 3 sts, rep from * around, ending last rep at **, join in 4th ch of beg ch-4. (*48 tr, 24 ch-4 sps, 16 ch-7 sps, 8 ch-2 sps*)

Rnd 13: Ch 4, tr in each of next 2 sts, *ch 5, tr in each of next 3 sts, ch 4, sc in next ch-4 sp, ch 8, sk next ch-7 sp, sc in next ch-2 sp, ch 8, sk next ch-7 sp, sc in next ch-4 sp, ch 4**, tr in each of next 3 sts, rep from * around, ending last rep at **, join in 4th ch of beg ch-4. (*48 tr, 16 ch-8 sps, 16 ch-4 sps, 8 ch-5 sps*)

Rnd 14: Ch 4, tr in each of next 2 sts, *ch 5, sc in next ch-5 sp, ch 5, tr in each of next 3 sts, ch 4, sc in next ch-4 sp, [ch 6, sc in next ch sp] 3 times, ch 4**, tr in each of next 3 sts, rep from * around, ending last rep at **, join in 4th ch of beg ch-4. (*48 tr, 24 ch-6 sps, 16 ch-5 sps, 16 ch-4 sps*)

Rnd 15: Ch 4, tr in each of next 2 sts, *ch 5, sc in next ch-5 sp, ch 3, sc in next ch-5 sp, ch 5, tr in each of next 3 sts, ch 4, sc in next ch-4 sp, ch 5, sk next ch sp, (sc, ch 5, sc) in next ch sp, ch 5, sk next ch sp, sc in next ch sp, ch 4**, tr in each of next 3 sts, rep from * around, ending last rep at **, join in 4th ch of beg ch-4. *(48 tr, 45 ch-5 sps, 16 ch-4 sps, 8 ch-3 sps)*

Rnd 16: Ch 4, tr in same st, *2 tr in each of next 2 sts, ch 6, sk next ch sp, sc in next ch sp, ch 6, sk next ch sp, 2 tr in each of next 3 sts, ch 4, sc in next ch sp, ch 6, sk next ch sp, 7 tr in next ch sp, ch 6, sk next ch sp, sc in next ch sp, ch 4**, 2 tr in next st, rep from * around, ending last rep at **, join in 4th ch of beg ch-4. *(152 tr, 32 ch-6 sps, 16 ch-4 sps)*

Rnd 17: Ch 4, tr in each of next 5 sts, *ch 5, sc in next ch sp, ch 3, sc in next ch sp, ch 5, tr in each of next 6 sts, ch 4, sc in next ch sp, ch 6, tr in next st, [ch 1, tr in next st] 6 times, ch 6, sk next ch sp, sc in next ch sp, ch 4**, tr in each of next 6 sts, rep from * around, ending last rep at **, join in 4th ch of beg ch-4. *(152 tr, 48 ch-1 sps, 16 ch-6 sps, 16 ch-5 sps, 16 ch-4 sps, 8 ch-3 sps)*

Rnd 18: Ch 4, tr in each of next 5 sts, *ch 6, sk next ch sp, sc in next ch sp, ch 6, sk next ch sp, tr in each of next 6 sts, ch 4, sc in next ch sp, ch 5, sk next ch sp, sc in next ch-1 sp, [ch 2, sc in next ch-1 sp] 5 times, ch 5, sk next ch sp, sc in next ch sp, ch 4**, tr in each of next 6 sts, rep from * around, ending last rep at **, join in 4th ch of beg ch-4. *(96 tr, 40 ch-2 sps, 16 ch-6 sps, 16 ch-5 sps, 16 ch-4 sps)*

Rnd 19: Ch 4, tr in each of next 5 sts, *ch 5, sc in next ch sp, ch 3, sc in next ch sp, ch 5, tr in each of next 6 sts, ch 5, sc in next ch sp, ch 6, sk next ch sp, sc in next ch-2 sp, [ch 2, sc in next ch-2 sp] 4 times, ch 6, sk next ch sp, sc in next ch sp, ch 5**, tr in each of next 6 sts, rep from * around, ending last rep at **, join in 4th ch of beg ch-4. *(96 tr, 32 ch-2 sps, 32 ch-5 sps, 16 ch-6 sps, 8 ch-3 sps)*

Rnd 20: Ch 4, tr in each of next 5 sts, *ch 6, sk next ch sp, sc in next ch sp, ch 6, sk next ch sp, tr in each of next 6 sts, ch 5, sc in next ch sp, ch 7, sk next ch sp, sc in next ch-2 sp, [ch 2, sc in next ch-2 sp] 3 times, ch 7, sk next ch sp, sc in next ch sp, ch 5**, tr in each of next 6 sts, rep from * around, ending last rep at **, join in 4th ch of beg ch-4. *(96 tr, 24 ch-2 sps, 16 ch-6 sps, 16 ch-5 sps, 16 ch-7 sps)*

Rnd 21: Ch 4, tr in each of next 5 sts, *ch 5, sc in next ch sp, ch 3, sc in next ch sp, ch 5, tr in each of next 6 sts, ch 5, sc in next ch sp, ch 8, sk next ch sp, sc in next ch-2 sp, [ch 2, sc in next ch-2 sp] twice, ch 8, sk next ch sp, sc in next ch sp, ch 5**, tr in each of next 6 sts, rep from * around, ending last rep at **, join in 4th ch of beg ch-4. *(96 tr, 32 ch-5 sps, 16 ch-8 sps, 16 ch-2 sps)*

Rnd 22: Ch 4, tr in each of next 5 sts, *ch 6, sk next ch sp, sc in next ch sp, ch 6, sk next ch sp, tr in each of next 6 sts, ch 5, sc in next ch sp, ch 9, sk next ch sp, sc in next ch-2 sp, ch 2, sc in next ch-2 sp, ch 9, sk next ch sp, sc in next ch sp, ch 5**, tr in each of next 6 sts, rep from * around, ending last rep at **, join in 4th ch of beg ch-4. *(96 tr, 16 ch-6 sps, 16 ch-9 sps, 16 ch-5 sps, 8 ch-2 sps)*

Rnd 23: Ch 4, tr in each of next 5 sts, *ch 6, sc in next ch sp, ch 5, sc in next ch sp, ch 6, tr in each of next 6 sts, ch 5, sc in next ch sp, ch 10, sk next ch sp, sc in next ch-2 sp, ch 10, sk next ch sp, sc in next ch sp, ch 5**, tr in each of next 6 sts, rep from * around, ending last rep at **, join in 4th ch of beg ch-4. *(96 tr, 24 ch-5 sps, 16 ch-6 sps, 16 ch-10 sps)*

Rnd 24: Ch 4, tr in each of next 5 sts, *[ch 5, sc in next ch sp] 3 times, ch 5, tr in each of next 6 sts, [ch 5, sc in next ch sp] 4 times, ch 5**, tr in each of next 6 sts, rep from * around, ending last rep at **, join in 4th ch of beg ch-4. *(96 tr, 72 ch-5 sps)*

Rnd 25: Ch 1, sc in each tr and 6 sc in each ch sp around, join in beg sc. *(528 sc)*

Rnd 26: Ch 1, sc in first st, ch 4, sl st in top of last sc made, ch 4, sk next 3 sts, [sc in next st, ch 4, sl st in top of last sc made, ch 4, sk next 3 sts] around, join in beg sc. Fasten off. ∎

Aqua
Pineapple

SKILL LEVEL

INTERMEDIATE

FINISHED SIZE
7 inches in diameter

MATERIALS
- Aunt Lydia's Classic Crochet size 10 crochet cotton (350 yds per ball): 1 ball #450 aqua
- Size 7/1.65mm steel crochet hook or size needed to obtain gauge

GAUGE
Rnds 1–2 = 1½ inches across

PATTERN NOTES
Join with slip stitch as indicated unless otherwise stated.

Chain-5 at beginning of rounds counts as first treble crochet and chain-1 space.

SPECIAL STITCHES
3-treble cluster (3-tr cl): Yo twice, insert hook in indicated place, yo, pull lp through, [yo, pull through 2 lps on hook] twice, *yo twice, insert hook in same place, yo, pull lp through, [yo, pull through 2 lps on hook] twice, rep from *, yo, pull through all 4 lps on hook.

4-treble cluster (4-tr cl): Yo twice, insert hook in indicated place, yo, pull lp through, [yo, pull through 2 lps on hook] twice, *yo twice, insert hook in same place, yo, pull lp through, [yo, pull through 2 lps on hook] twice, rep from * twice, yo, pull through all 5 lps on hook.

INSTRUCTIONS
DOILY
Rnd 1: Ch 6, **join** (see Pattern Notes) in beg ch to form ring, ch 3, **3-tr cl** (see Special Stitches) in ring, ch 6, (**4-tr cl**—see Special Stitches, ch 5) 4 times in ring, join in top of beg cl. (5 cls, 5 ch sps)

Rnd 2: Ch 1, sc in first st, ch 5, 4-tr cl in next ch sp, ch 5, [sc in next cl, ch 5, 4-tr cl in next ch sp, ch 5] around, join in beg cl. Fasten off. (10 ch sps, 5 cls, 5 sc)

Rnd 3: Join with sc in ch sp after any cl, ch 4, sc in next ch sp, ch 7, [sc in next ch sp, ch 4, sc in next ch sp, ch 7] around, join in beg sc. (5 ch-4 sps, 5 ch-7 sps)

Rnd 4: Sl st in each of first 2 chs of next ch-4, **ch 5** (see Pattern Notes), tr in same sp, ch 3, 7 tr in next ch-7 sp, ch 3, [(tr, ch 1, tr) in next ch-4 sp, ch 3, 7 tr in next ch-7 sp, ch 3] around, join in 4th ch of beg ch-5. (45 tr, 10 ch-3 sps, 5 ch-1 sps)

Rnd 5: Sl st in next ch sp, ch 5, (tr, ch 1, tr) in same sp, ch 3, sc in next tr, [ch 2, sc in next tr] 6 times, ch 3, *(tr, {ch 1, tr} twice) in next ch sp, ch 3, sc in next tr, [ch 2, sc in next tr] 6 times, ch 3, rep from * around, join in 4th ch of beg ch-5. (30 ch-2 sps, 15 tr, 10 ch-3 sps)

Rnd 6: (Sl st, ch 5, tr) in first ch sp, *ch 1, (tr, ch 1, tr) in next ch sp, ch 4, sk next ch sp, sc in next ch-2 sp, [ch 2, sc in next ch sp] 5 times, ch 4, sk next ch sp**, (tr, ch 1, tr) in next ch sp, rep from * around, ending last rep at **, join in 4th ch of beg ch-5. (25 ch-2 sps, 20 tr, 10 ch-4 sps)

Rnd 7: (Sl st, ch 5, tr) in first ch sp, *ch 1, (tr, ch 1) twice in next ch sp, (tr, ch 1, tr) in next ch sp, ch 5, sk next ch sp, sc in next ch-2 sp, [ch 2, sc in next ch sp] 4 times, ch 5, sk next ch sp**, (tr, ch 1, tr) in next ch-1 sp, rep from * around,

ending last rep at **, join in 4th ch of beg ch-5. *(30 tr, 20 ch-2 sps, 10 ch-5 sps)*

Rnd 8: (Sl st, ch 5, tr) in first ch sp, *ch 1, (tr, ch 1) twice in each of next 3 ch sps, (tr, ch 1, tr) in next ch sp, ch 6, sk next ch sp, sc in next ch-2 sp, [ch 2, sc in next ch sp] 3 times, ch 6, sk next ch sp**, (tr, ch 1, tr) in next ch-1 sp, rep from * around, ending last rep at **, join in 4th ch of beg ch-5. *(50 tr, 15 ch-2 sps, 10 ch-6 sps)*

Rnd 9: (Sl st, ch 5, tr) in first ch sp, *ch 1, (tr, ch 1) twice in each of next 7 ch sps, (tr, ch 1, tr) in next ch sp, ch 7, sk next ch sp, sc in next ch-2 sp, [ch 2, sc in next ch sp] twice, ch 7, sk next ch sp**, (tr, ch 1, tr) in next ch-1 sp, rep from * around, ending last rep at **, join in 4th ch of beg ch-5. *(90 tr, 10 ch-2 sps, 10 ch-7 sps)*

Rnd 10: (Sl st, ch 5, tr) in first ch sp, *[ch 2, sk next ch sp, (tr, ch 1, tr) in next ch sp] 8 times, ch 4, sk next ch sp, sc in next ch-2 sp, ch 2, sc in next ch sp, ch 4, sk next ch sp**, (tr, ch 1, tr) in next ch-1 sp, rep from * around, ending last rep at **, join in 4th ch of beg ch-5. *(90 tr, 10 ch-4 sps, 5 ch-2 sps)*

Rnd 11: (Sl st, ch 5, tr) in first ch sp, *[ch 4, sk next ch sp, sc in next ch-1 sp, ch 4, sk next ch sp, (tr, ch 1, tr) in next ch sp] 4 times, ch 4, sk next ch sp, sc in next ch-2 sp, ch 4, sk next ch sp**, (tr, ch 1, tr) in next ch sp, rep from * around, ending last rep at**, join in 4th ch of beg ch-5. Fasten off. ■

Antique
Pineapple & Cones

SKILL LEVEL

INTERMEDIATE

FINISHED SIZE
12¼ inches in diameter

MATERIALS
- DMC Cebelia size 10 crochet cotton (1¾ oz/282 yds/50g per ball): 2 balls #842 coffee cream
- Size 7/1.65mm steel crochet hook or size needed to obtain gauge

GAUGE
4 dc = ½ inch; 5 dc rows = 1 inch

PATTERN NOTES
Join with slip stitch as indicated unless otherwise stated.

Chain-3 at beginning of rounds counts as first double crochet unless otherwise stated.

SPECIAL STITCHES
Beginning cluster (beg cl): Ch 3, yo, insert hook in next ch sp, yo, pull lp through, yo, pull through 2 lps on hook, yo, insert hook in same ch sp, yo, pull lp through, yo, pull through 2 lps on hook, yo, insert hook in next st, yo, pull lp through, yo, pull through 2 lps on hook, yo, pull through all 4 lps on hook.

Cluster (cl): Yo, insert hook in next st, yo, pull lp through, yo, pull through 2 lps on hook, yo, insert hook in next ch sp, yo, pull lp through, yo, pull through 2 lps on hook, yo, insert hook in same ch sp, yo, pull lp through, yo, pull through 2 lps on hook, yo, insert hook in next st, yo, pull lp through, yo, pull through 2 lps on hook, yo, pull through all 5 lps on hook.

Beginning 3-double crochet cluster (beg 3-dc cl): Ch 3, [yo, insert hook in same st, yo, pull lp through, yo, pull through 2 lps on hook] twice, yo, pull through all 3 lps on hook.

3-double crochet cluster (3-dc cl): Yo, insert hook in next st, yo, pull lp through, yo, pull through 2 lps on hook, [yo, insert hook in same st, yo, pull lp through, yo, pull through 2 lps on hook] twice, yo, pull through all 4 lps on hook.

INSTRUCTIONS
DOILY
Rnd 1: Ch 6, **join** (see Pattern Notes) in beg ch to form ring, **ch 3** (see Pattern Notes), 20 dc in ring, join in 3rd ch of beg ch-3. (21 dc)

Rnd 2: Ch 3, dc in next st, ch 3, sk next st, [dc in each of next 2 sts, ch 3, sk next st] around, join in 3rd ch of beg ch-3. (14 dc, 7 ch sps)

Rnd 3: Ch 3, dc in same st, dc in next st, ch 3, sk next ch sp, [2 dc in next st, dc in next st, ch 3, sk next ch sp] around, join in 3rd ch of beg ch-3. (21 dc, 7 ch sps)

Rnd 4: Ch 3, dc in same st, dc in each of next 2 sts, ch 3, sk next ch sp, [2 dc in next st, dc in each of next 2 sts, ch 3, sk next ch sp] around, join in 3rd ch of beg ch-3. (28 dc, 7 ch sps)

Rnd 5: Ch 3, dc in same st, dc in each of next 3 sts, ch 4, sk next ch sp, [2 dc in next st, dc in each of next 3 sts, ch 4, sk next ch sp] around, join in 3rd ch of beg ch-3. (35 dc, 7 ch sps)

Rnd 6: Ch 3, dc in same st, dc in each of next 4 sts, ch 5, sk next ch sp, [2 dc in next st, dc in each of next 4 sts, ch 5, sk next ch sp] around, join in 3rd ch of beg ch-3. (42 dc, 7 ch sps)

Rnd 7: Ch 3, dc in each of next 5 sts, ch 6, sk next ch sp, [dc in each of next 6 sts, ch 6, sk next ch sp] around, join in 3rd ch of beg ch-3.

Rnd 8: Ch 3, dc in each of next 5 sts, ch 7, sk next ch sp, [dc in each of next 6 sts, ch 7, sk next ch sp] around, join in 3rd ch of beg ch-3.

Rnd 9: Ch 3, dc in each of next 5 sts, ch 4, sc in next ch sp, ch 4, [dc in each of next 6 sts, ch 4, sc in next ch sp, ch 4] around, join in 3rd ch of beg ch-3. (42 *dc, 14 ch sps, 7 sc*)

Rnd 10: Ch 3, dc in each of next 2 sts, *ch 2, dc in each of next 3 sts, ch 4, sc in next ch sp, ch 3, sc in next ch sp, ch 4**, dc in each of next 3 sts, rep from * around, ending last rep at **, join in 3rd ch of beg ch-3. (42 *dc, 14 ch-4 sps, 14 sc, 7 ch-2 sps, 7 ch-3 sps*)

Rnd 11: Ch 3, dc in each of next 2 sts, *ch 2, dc in each of next 3 sts, ch 4, sc in next ch sp, ch 2, (dc, ch 1, dc) in next ch sp, ch 2, sc in next ch sp, ch 4**, dc in each of next 3 sts, rep from * around, ending last rep at **, join in 3rd ch of beg ch-3. (56 *dc, 21 ch-2 sps, 14 ch-4 sps, 14 sc, 7 ch-1 sps*)

Rnd 12: Ch 3, dc in each of next 2 sts, *ch 2, dc in each of next 3 sts, ch 4, sc in next ch sp, ch 4, sk next ch sp, (dc, ch 2, dc) in next ch-1 sp, ch 4, sk next ch sp, sc in next ch sp, ch 4**, dc in each of next 3 sts, rep from * around, ending last rep at **, join in 3rd ch of beg ch-3. (56 *dc, 28 ch-4 sps, 14 ch-2 sps, 14 sc*)

Rnd 13: Ch 3, *2 dc in next st, dc in next st, ch 2, dc in next st, 2 dc in next st, dc in next st, ch 4, sc in next ch sp, ch 4, sk next ch sp, (dc, {ch 1, dc} twice) in next ch-2 sp, ch 4, sk next ch sp, sc in next ch sp, ch 4**, dc in next st, rep from * around, ending last rep at **, join in 3rd ch of beg ch-3. (77 *dc, 28 ch-4 sps, 14 ch-1 sps, 14 sc, 7 ch-2 sps*)

Rnd 14: Ch 3, dc in each of next 3 sts, *ch 2, dc in each of next 4 sts, ch 4, sc in next ch sp, ch 4, sk next ch sp, (dc, ch 1, dc) in next ch sp, ch 1, (dc, ch 1, dc) in next ch sp, ch 4, sk next ch sp, sc in next ch sp, ch 4**, dc in each of next 4 sts, rep from * around, ending last rep at **, join in 3rd ch of beg ch-3. *(84 dc, 28 ch-4 sps, 21 ch-1 sps, 14 sc, 7 ch-2 sps)*

Rnd 15: Ch 3, dc in next st, *dc dec *(see Stitch Guide)* in next 2 sts, ch 2, dc dec in next 2 sts, dc in each of next 2 sts, ch 4, sc in next ch sp, ch 5, sk next ch sp, (dc, ch 1, dc) in each of next 3 ch-1 sps, ch 5, sk next ch sp, sc in next ch sp, ch 4**, dc in each of next 2 sts, rep from * around, ending last rep at **, join in 3rd ch of beg ch-3. *(84 dc, 21 ch-1 sps, 14 ch-4 sps, 14 ch-5 sps, 14 sc, 7 ch-2 sps)*

Rnd 16: Ch 3, *dc dec in next 2 sts, ch 2, dc dec in next 2 sts, dc in next st, ch 4, sc in next ch sp, ch 5, sk next ch sp, (dc, ch 1, dc, ch 2) in each of next 2 ch-1 sps, (dc, ch 1, dc) in next ch sp, ch 5, sk next ch-5 sp, sc in next ch sp, ch 4**, dc in next st, rep from * around, ending last rep at **, join in 3rd ch of beg ch-3. *(70 dc, 21 ch-1 sps, 21 ch-2 sps, 14 ch-5 sps, 14 ch-4 sps, 14 sc)*

Rnd 17: Ch 2 *(is not used or counted as a st)*, dc in next st, *ch 2, dc dec in next 2 sts, ch 4, sc in next ch sp, ch 6, sk next ch sp, (dc, ch 1, dc) in next ch-1 sp, ch 2, sk next ch-2 sp, (sc, ch 6, sc) in next ch-1 sp, ch 2, sk next ch-2 sp, (dc, ch 1, dc) in next ch-1 sp, ch 6, sk next ch sp, sc in next ch sp, ch 4**, dc dec in next 2 sts, rep from * around, ending last rep at**, join in top of beg dc. *(56 dc, 21 ch-2 sps, 14 ch-6 sps, 14 ch-4 sps, 14 sc, 7 ch-6 sps)*

Rnd 18: Beg cl *(see Special Stitches)*, *ch 4, sc in next ch sp, ch 8, sk next ch sp, (dc, ch 1, dc) in next ch-1 sp, ch 2, 9 dc in next ch-6 sp, ch 2, sk next ch-2 sp, (dc, ch 1, dc) in next ch-1 sp, ch 8, sk next ch sp, sc in next ch sp, ch 4**, cl *(see Special Stitches)*, rep from * around, ending last rep at **, join in top of beg cl. *(91 dc, 7 cls)*

Rnd 19: (Beg 3-dc cl—*see Special Stitches*, ch 2, 3-dc cl—*see Special Stitches*) in first st, *ch 8, sk next 2 ch sps, (2 dc, ch 2, 2 dc) in next ch-1 sp, ch 2, [dc in next st, ch 2] 9 times, sk next ch sp, (2 dc, ch 2, 2 dc) in next ch-1 sp, ch 8, sk next 2 ch sps**, (3-dc cl, ch 2, 3-dc cl) in next cl, rep from * around, ending last rep at **, join in top of beg cl. *(119 dc, 14 cls)*

Rnd 20: (Sl st, beg 3-dc cl, {ch 2, 3-dc cl} twice) in next ch sp, *ch 5, sk next ch sp, (2 dc, ch 2, 2 dc) in next ch-2 sp, ch 2, sk next ch sp, [3-dc cl in next ch-2 sp, ch 2] 8 times, sk next ch sp, (2 dc, ch 2, 2 dc) in next ch sp, ch 5, sk next ch sp**, (3-dc cl, {ch 2, 3-dc cl} twice) in next ch sp, rep from * around, ending last rep at **, join in top of beg cl. *(77 cls, 56 dc)*

Rnd 21: (Sl st, beg 3-dc cl, ch 2, 3-dc cl) in first ch sp, *ch 2, (3-dc, cl, ch 2, 3-dc cl) in next ch sp, ch 4, sk next ch sp, (2 dc, ch 2, 2 dc) in next ch sp, ch 4, sk next ch sp, [3-dc cl in next ch sp, ch 2] 6 times, 3-dc cl in next ch sp, ch 4, sk next ch sp, (2 dc, ch 2, 2 dc) in next ch sp, ch 4, sk next ch sp**, (3-dc cl, ch 2, 3-dc cl) in next ch sp, rep from * around, ending last rep at **, join in top of beg cl.

Rnd 22: (Sl st, beg 3-dc cl, ch 2, 3-dc cl) in first ch sp, *ch 2, 3-dc cl in next ch sp, ch 2, (3-dc, cl, ch 2, 3-dc cl) in next ch sp, ch 4, sk next ch sp, (2 dc, ch 2, 2 dc) in next ch sp, ch 4, sk next ch sp, [3-dc cl in next ch sp, ch 2] 5 times, 3-dc cl in next ch sp, ch 4, sk next ch sp, (2 dc, ch 2, 2 dc) in next ch sp, ch 4, sk next ch sp**, (3-dc cl, ch 2, 3-dc cl) in next ch sp, rep from * around, ending last rep at **, join in top of beg cl.

Rnd 23: (Sl st, beg 3-dc cl) in first ch sp, *[ch 2, 3-dc cl in next ch sp] 3 times, ch 4, sk next ch sp, (2 dc, ch 2, 2 dc) in next ch sp, ch 4, sk next ch sp, [3-dc cl in next ch sp, ch 2] 4 times, 3-dc cl in next ch sp, ch 4, sk next ch sp, (2 dc, ch 2, 2 dc) in next ch sp, ch 4, sk next ch sp**, 3-dc cl in next ch sp, rep from * around, ending last rep at **, join in top of beg cl. *(63 cls, 56 dc)*

Rnd 24: (Sl st, beg 3-dc cl) in first ch sp, *[ch 2, 3-dc cl in next ch sp] twice, ch 5, sk next ch sp, (2 dc, ch 2, 2 dc) in next ch sp, ch 5, sk next ch sp, [3-dc cl in next ch sp, ch 2] 3 times, 3-dc cl in next ch sp, ch 5, sk next ch sp, (2 dc, ch 2, 2 dc) in next ch sp, ch 5, sk next ch sp**, 3-dc cl in next ch sp, rep from * around, ending last rep at **, join in top of beg cl. *(56 dc, 49 cls)*

Rnd 25: (Sl st, beg 3-dc cl) in first ch sp, *ch 2, 3-dc cl in next ch sp, ch 6, sk next ch sp, (2 dc, ch 2, 2 dc) in next ch sp, ch 6, sk next ch sp, [3-dc cl in next ch sp, ch 2] twice, 3-dc cl in next ch sp, ch 6, sk next ch sp, (2 dc, ch 2, 2 dc) in next ch sp, ch 6, sk next ch sp**, 3-dc cl in next ch sp, rep from * around, ending last rep at **, join in top of beg cl. (56 dc, 35 cls)

Rnd 26: (Sl st, beg 3-dc cl) in first ch sp, *ch 7, sk next ch sp, (2 dc, ch 2, 2 dc) in next ch sp, ch 7, sk next ch sp, 3-dc cl in next ch sp, ch 2, 3-dc cl in next ch sp, ch 7, sk next ch sp, (2 dc, ch 2, 2 dc) in next ch sp, ch 7, sk next ch sp**, 3-dc cl in next ch sp, rep from * around, ending last rep at **, join in top of beg cl. (56 dc, 21 cls)

Rnd 27: Ch 5 *(counts as first dc and ch-2 sp)*, dc in same st, *ch 8, sk next ch sp, (2 dc, ch 2, 2 dc) in next ch sp, ch 8, sk next ch sp, 3-dc cl in next ch sp, ch 8, sk next ch sp, (2 dc, ch 2, 2 dc) in next ch sp, ch 8, sk next ch sp**, (dc, ch 2, dc) in next cl, rep from * around, ending last rep at **, join in 3rd ch of beg ch-5. (70 dc, 7 cls)

Rnd 28: Sl st in first ch sp, ch 4 *(counts as first dc and ch-1 sp)*, (dc, {ch 1, dc} 3 times) in same sp, *ch 3, sc in next ch sp, ch 3, (dc, {ch 1, dc} 4 times) in next ch-2 sp, ch 3, sc in next ch sp, ch 3, (dc, {ch 1, dc} 4 times) in next cl, ch 3, sc in next ch sp, ch 3, (dc, {ch 1, dc} 4 times) in next ch sp, ch 3, sc in next ch sp, ch 3**, (dc, {ch 1, dc} 4 times) in next ch-2 sp, rep from * around ending last rep at **, join in 3rd ch of beg ch-4. Fasten off. ■

Chambray Pineapple

SKILL LEVEL

INTERMEDIATE

FINISHED SIZE
10½ inches in diameter

MATERIALS
- Aunt Lydia's Classic Crochet size 10 crochet cotton (350 yds per ball):
  1 ball #1056 chambray
- Size 7/1.65mm steel crochet hook or size needed to obtain gauge

GAUGE
Rnds 1–4 = 2½ inches across

PATTERN NOTES
Join with slip stitch as indicated unless otherwise stated.

Chain-4 at beginning of rounds counts as first treble crochet unless otherwise stated.

SPECIAL STITCHES

Cluster (cl): Yo twice, insert hook in indicated place, yo, pull lp through, [yo, pull through 2 lps on hook] twice, *yo twice, insert hook in same place, yo, pull lp through, [yo, pull through 2 lps on hook] twice, rep from *, yo, pull through all 4 lps on hook.

Beginning shell (beg shell): (Sl st, ch 4, tr, ch 2, 2 tr) in next ch sp.

Shell: (2 tr, ch 2, 2 tr) in next ch sp.

INSTRUCTIONS
DOILY

Rnd 1: Ch 6, **join** (see Pattern Notes) in beg ch to form ring, (ch 3, cl—see Special Stitches, ch 3, sl st) in ring 4 times, (ch 3, cl, tr) in ring, **do not join.** (5 cls)

Rnd 2: Ch 1, sc in first st, ch 6, [sc in top of next cl, ch 6] around, join in beg sc. (5 ch sps, 5 sc)

Rnd 3: Sl st in next ch sp, **ch 4** (see Pattern Notes), (tr, ch 2, {2 tr, ch 2} 3 times) in same ch sp, (2 tr, ch 2) 4 times in each ch sp around, join in 4th ch of beg ch-4. (40 tr, 20 ch sps)

Rnd 4: Sl st in next st, (sl st, ch 4, tr) in next ch sp, ch 2, [2 tr in next ch sp, ch 2] around, join in 4th ch of beg ch-4.

Rnd 5: Sl st in next st, (sl st, ch 4, 2 tr) in next ch sp, ch 2, [3 tr in next ch sp, ch 2] around, join in 4th ch of beg ch-4. (60 tr, 20 ch sps)

Rnd 6: Sl st in each of next 2 sts, **beg shell** (see Special Stitches) in next ch sp, ch 4, sc in next ch sp, ch 4, *shell (see Special Stitches) in next ch sp, ch 4, sc in next ch sp, ch 4, rep from * around, join in 4th ch of beg ch-4. (10 shells, 10 sc)

Rnd 7: Sl st in next st, beg shell in next ch sp, *ch 4, sc in next ch sp, ch 3, sc in next ch sp, ch 4**, shell in next ch sp, rep from * around, ending last rep at **, join in 4th ch of beg ch-4. (20 ch-4 sps, 10 shells, 10 ch-3 sps)

Rnd 8: Sl st in next ch sp, beg shell in next ch sp, *ch 4, sc in next ch sp, ch 3, cl in next ch-3 sp, ch 3, sc in next ch sp, ch 4**, shell in next ch sp, rep from * around, ending last rep at **, join in 4th ch of beg ch-4. (20 sc, 10 shells, 10 cls)

Rnd 9: Sl st in next st, beg shell in next ch sp, *ch 4, sc in next ch sp, [ch 3, cl in next ch-3 sp] twice, ch 3, sc in next ch sp, ch 4**, shell in next ch sp, rep from * around, ending last rep at **, join in 4th ch of beg ch-4. (20 cls, 20 sc, 10 shells)

Rnd 10: Sl st in next st, beg shell in next ch sp, *ch 4, sc in next ch-4 sp, ch 3, sk next ch-3 sp, cl in next ch-3 sp, ch 3, sk next ch-3 sp, sc in next ch sp, ch 4**, shell in next ch sp, rep from * around, ending last rep at **, join in 4th ch of beg ch-4. (20 sc, 10 shells, 10 cls)

Rnd 11: Sl st in next st, (sl st, ch 1, sc, ch 3, sc) in next ch sp, *ch 4, sc in next ch sp, [ch 3, cl in next ch-3 sp] twice, ch 3, sc in next ch-4 sp, ch 4**, (sc, ch 3, sc) in next ch sp, rep from * around, ending last rep at **, join in beg sc. (40 sc, 20 cls)

Rnd 12: (Sl st, ch 4, 8 tr) in next ch sp, *ch 4, sc in next ch-4 sp, ch 5, sk next ch sp, cl in next ch sp, ch 5, sk next ch sp, sc in next ch sp, ch 4**, 9 tr in next ch sp, rep from * around, ending last rep at **, join in 4th ch of beg ch-4. (10 9-tr groups, 10 cls)

Rnd 13: Ch 5 (counts as first tr and ch-1 sp), *tr in next st, [ch 1, tr in next st] 7 times, ch 4, sc in next ch sp, [ch 3, cl in next ch sp] twice, ch 3, sc in next ch sp, ch 4**, tr in next tr, ch 1, rep from * around, ending last rep at **, join in 4th ch of beg ch-5. (90 tr, 20 cls)

Rnd 14: (Sl st, ch 1, sc) in next ch-1 sp, *[ch 2, sc in next ch-1 sp] 7 times, ch 7, sk next 2 ch sps, sc in next ch-3 sp, ch 7, sk next 2 ch sps**, sc in next ch-1 sp, rep from * around, ending last rep at **, join in beg sc. (90 sc, 20 ch-7 sps)

Rnd 15: (Sl st, ch 1, sc) in next ch-2 sp, *[ch 2, sc in next ch-2 sp] 6 times, [ch 4, sc in next ch sp] twice, ch 4**, sc in next ch-2 sp, rep from * around, ending last rep at **, join in beg sc. (90 sc, 30 ch-4 sps)

Rnd 16: (Sl st, ch 1, sc) in next ch-2 sp, *[ch 2, sc in next ch-2 sp] 5 times, ch 7, sk next ch sp, sc in next ch sp, ch 7, sk next ch sp**, sc in next ch-2

sp, rep from * around, ending last rep at **, join in beg sc. (70 sc, 20 ch-7 sps)

Rnd 17: (Sl st, ch 1, sc) in next ch-2 sp, *[ch 2, sc in next ch-2 sp] 4 times, [ch 5, sc in next ch sp] twice, ch 5**, sc in next ch-2 sp, rep from * around, ending last rep at **, join in beg sc. (70 sc, 30 ch-5 sps)

Rnd 18: (Sl st, ch 1, sc) in next ch-2 sp, *[ch 2, sc in next ch-2 sp] 3 times, ch 5, sc in next ch sp, ch 4, cl in next ch sp, ch 4, sc in next ch sp, ch 5**, sc in next ch-2 sp, rep from * around, ending last rep at **, join in beg sc. (60 sc, 10 cls)

Rnd 19: (Sl st, ch 1, sc) in next ch-2 sp, *[ch 2, sc in next ch-2 sp] twice, [ch 5, sc in next ch sp]

4 times, ch 5**, sc in next ch-2 sp, rep from * around, ending last rep at **, join in beg sc. (70 sc, 50 ch-5 sps)

Rnd 20: (Sl st, ch 1, sc) in next ch-2 sp, *ch 2, sc in next ch-2 sp, ch 5, sc in next ch sp, [ch 4, cl in next ch sp, ch 4, sc in next ch sp] twice, ch 5**, sc in next ch-2 sp, rep from * around, ending last rep at **, join in beg sc. (50 sc, 20 cls)

Rnd 21: (Sl st, ch 1, sc) in next ch-2 sp, ch 5, [sc in next ch sp, ch 5] around, join in beg sc. (70 ch sps)

Rnd 22: (Sl st, ch 1, sc, ch 3, sc) in first ch sp, ch 3, *(sc, ch 3, sc) in next ch sp, ch 3, rep from * around, join in beg sc. Fasten off. ∎

Woodland Pineapple

SKILL LEVEL

INTERMEDIATE

FINISHED SIZE
9½ inches in diameter

MATERIALS
- Aunt Lydia's Classic Crochet size 10 crochet cotton (350 yds per ball): 1 ball #131 fudge brown
- Size 7/1.65mm steel crochet hook or size needed to obtain gauge

GAUGE
Rnds 1–4 = 2½ inches across

PATTERN NOTES
Join with slip stitch as indicated unless otherwise stated.

Chain-4 at beginning of rounds counts as first treble crochet unless otherwise stated.

SPECIAL STITCHES
Cluster (cl): Yo twice, insert hook in indicated place, yo, pull lp through, [yo, pull through 2 lps on hook] twice, *yo twice, insert hook in same place, yo, pull lp through, [yo, pull through 2 lps on hook] twice, rep from *, yo, pull through all 4 lps on hook.

Shell: (Cl, ch 2, cl) in indicted ch sp.

Picot: Ch 3, sl st in last sc made.

INSTRUCTIONS
DOILY
Rnd 1: Ch 6, **join** (see Pattern Notes) in beg ch to form ring, **ch 4** (see Pattern Notes), tr in ring, ch 2, (2 tr, ch 2) 7 times in ring, join in 4th ch of beg ch-4. (16 tr, 8 ch sps)

Rnd 2: Ch 4, tr in next st, ch 4, [tr in each of next 2 sts, ch 4] around, join in 4th ch of beg ch-4.

Rnd 3: Ch 4, tr in next st, ch 4, sc in next ch sp, ch 4, [tr in each of next 2 sts, ch 4, sc in next ch sp, ch 4] around, join in 4th ch of beg ch-4. (16 tr, 16 ch sps)

Rnd 4: Ch 4, tr in next st, *ch 4, sc in next ch sp, ch 3, sc in next ch sp, ch 4**, tr in each of next 2 sts, rep from * around, ending last rep at **, join in 4th ch of beg ch-4. (24 ch sps, 16 tr)

Rnd 5: Ch 1, sc in first st, *ch 5, sc in next st, ch 3, sk next ch sp, (tr, ch 2, tr) in next ch sp, ch 3, sk next ch sp**, sc in next st, rep from * around, ending last rep at **, join in beg sc. (16 tr, 16 ch-3 sps, 8 ch-2 sps, 8 ch-5 sps)

Rnd 6: (Sl st, ch 4, 6 tr) in next ch sp, ch 3, sk next ch sp, (tr, ch 2, tr) in next ch sp, ch 3, sk next ch sp**, 7 tr in next ch sp, rep from * around, ending last rep at **, join in 4th ch of beg ch-4. (72 tr, 16 ch-3 sps, 8 ch-2 sps)

Rnd 7: Ch 5 (counts as first tr and ch-1 sp), *tr in next st, [ch 1, tr in next st] 5 times, ch 3, sk next ch sp, (tr, {ch 1, tr} twice) in next ch sp, ch 3, sk next ch sp**, tr in next st, ch 1, rep from * around, ending last rep at **, join in 4th ch of beg ch-5. (80 tr, 64 ch-1 sps, 16 ch-3 sps)

Rnd 8: Ch 1, sc in first st, *[ch 2, sc in next st] 6 times, ch 3, sk next ch sp, 3 tr in next ch sp, ch 2, 3 tr in next ch sp, ch 3, sk next ch sp**, sc in next st, rep from * around, ending last rep at **, join in beg sc. (56 ch-2 sps, 48 tr, 16 ch-3 sps)

Rnd 9: (Sl st, ch 1, sc) in first ch sp, *[ch 2, sc in next ch sp] 5 times, ch 3, sk next ch sp, (cl—see Special Stitches, {ch 2, cl} twice) in next ch sp, ch 3, sk next ch sp**, sc in next ch-2 sp, rep from * around, ending last rep at **, join in beg sc. (56 ch-2 sps, 24 cls, 16 ch-3 sps)

Rnd 10: (Sl st, ch 1, sc) in first ch sp, *[ch 2, sc in next ch sp] 4 times, ch 4, sk next ch sp, **shell** (see Special Stitches) in next ch sp, ch 2, shell in next ch sp, ch 4, sk next ch sp**, sc in next ch-2

sp, rep from * around, ending last rep at **, join in beg sc. (40 ch-2 sps, 16 shells, 16 ch-4 sps)

Rnd 11: (Sl st, ch 1, sc) in first ch sp, *[ch 2, sc in next ch sp] 3 times, ch 5, sk next ch sp, shell in next ch sp, ch 4, sc in next ch sp, ch 4, shell in next ch sp, ch 5, sk next ch sp**, sc in next ch-2 sp, rep from * around, ending last rep at **, join in beg sc. (24 ch-2 sps, 16 shells, 16 ch-4 sps, 16 ch-5 sps)

Rnd 12: (Sl st, ch 1, sc) in first ch sp, *[ch 2, sc in next ch sp] twice, ch 6, sk next ch sp, shell in next ch sp, ch 4, sc in next ch sp, ch 3, sc in next ch sp, ch 4, shell in next ch sp, ch 6, sk next ch sp**, sc in next ch-2 sp, rep from * around, ending last rep at **, join in beg sc. (16 ch-2 sps, 16 shells, 16 ch-6 sps, 16 ch-4 sps, 8 ch-3 sps)

Rnd 13: (Sl st, ch 1, sc) in first ch sp, *ch 2, sc in next ch sp, ch 7, sk next ch sp, shell in next ch sp, ch 5, sc in next ch sp, [ch 3, sc in next ch sp] twice, ch 5, shell in next ch sp, ch 7, sk next ch sp**, sc in next ch-2 sp, rep from * around,

ending last rep at **, join in beg sc. (16 shells, 16 ch-7 sps, 16 ch-3 sps, 16 ch-4 sps)

Rnd 14: (Sl st, ch 1, sc) in first ch sp, *ch 8, sk next ch sp, shell in next ch sp, ch 5, sc in next ch sp, [ch 3, sc in next ch sp] 3 times, ch 5, shell in next ch sp, ch 8, sk next ch sp**, sc in next ch-2 sp, rep from * around, ending last rep at **, join in beg sc. (24 ch-3 sps, 16 shells, 16 ch-8 sps, 16 ch-5 sps)

Rnd 15: Ch 1, sc in first st, *ch 9, sk next ch sp, shell in next ch sp, ch 5, sc in next ch sp, [ch 3, sc in next ch sp] 4 times, ch 5, shell in next ch sp, ch 9, sk next ch sp**, sc in next sc, rep from * around, ending last rep at **, join in beg sc. (32 ch-3 sps, 16 shells, 16 ch-9 sps, 16 ch-5 sps)

Rnd 16: Ch 1, sc in first st, *[ch 4, (sc, **picot**—see Special Stitches, sc) in next ch sp] 3 times, [ch 3, sk next ch sp, (sc, picot, sc) in next ch sp] twice, ch 3, sc in next ch sp, [ch 4, (sc, picot, sc) in next ch sp] twice, ch 4**, sc in next sc, rep from * around, ending last rep at **, join in beg sc. Fasten off. ∎

Pretty in **Pink**

SKILL LEVEL

INTERMEDIATE

FINISHED SIZE
13 inches in diameter

MATERIALS
- DMC Cebelia size 10 crochet cotton (1¾ oz/282 yds/50g per ball): 2 balls #818 baby pink
- Size 7/1.65mm steel crochet hook or size needed to obtain gauge

GAUGE
Rnds 1–9 = 4 inches across

PATTERN NOTES
Join with slip stitch as indicated unless otherwise stated.

Chain-3 at beginning of rounds counts as first double crochet unless otherwise stated.

SPECIAL STITCH
Cluster (cl): Yo, insert hook in indicated place, yo, pull lp through, yo, pull through 2 lps on hook, [yo, insert hook in same place, yo, pull lp through, yo, pull through 2 lps on hook] twice, yo, pull through all 4 lps on hook.

INSTRUCTIONS
DOILY
Rnd 1: Ch 6, **join** (*see Pattern Notes*) in beg ch to form ring, **ch 3** (*see Pattern Notes*), dc in ring, ch 2, [2 dc in ring, ch 2] 7 times, join in 3rd ch of beg ch-3. (*16 dc, 8 ch sps*)

Rnd 2: Ch 3, 2 dc in next st, ch 2, [dc in next st, 2 dc in next st, ch 2] around, join in 3rd ch of beg ch-3. (*24 dc, 8 ch sps*)

Rnd 3: Ch 3, dc in next st, 2 dc in next st, ch 3, [dc in each of next 2 sts, 2 dc in next st, ch 3] around, join in 3rd ch of beg ch-3. (*32 dc, 8 ch sps*)

Rnd 4: Ch 3, dc in each of next 2 sts, 2 dc in next st, ch 3, [dc in each of next 3 sts, 2 dc in next st, ch 3] around, join in 3rd ch of beg ch-3. (*40 dc, 8 ch sps*)

Rnd 5: Ch 3, dc in each of next 3 sts, 2 dc in next st, ch 4, [dc in each of next 4 sts, 2 dc in next st, ch 4] around, join in 3rd ch of beg ch-3. (*48 dc, 8 ch sps*)

Rnd 6: Ch 3, dc in each of next 4 sts, 2 dc in next st, ch 4, [dc in each of next 5 sts, 2 dc in next st, ch 4] around, join in 3rd ch of beg ch-3. (*56 dc, 8 ch sps*)

Rnd 7: Ch 3, dc in each of next 6 sts, ch 4, [dc in each of next 7 sts, ch 4] around, join in 3rd ch of beg ch-3.

Rnd 8: Ch 3, dc in each of next 6 sts, ch 5, [dc in each of next 7 sts, ch 5] around, join in 3rd ch of beg ch-3.

Rnd 9: Ch 3, dc in each of next 5 sts, 2 dc in next st, ch 5, [dc in each of next 6 sts, 2 dc in next st, ch 5] around, join in 3rd ch of beg ch-3.

Rnd 10: Ch 3, dc in each of next 2 sts, *ch 2, sk next 2 sts, dc in each of next 3 sts, ch 4, sc in next ch sp, ch 4**, dc in each of next 3 sts, rep from * around, ending last rep at **, join in 3rd ch of beg ch-3. (*48 dc, 16 ch-4 sps, 8 ch-2 sps, 1 sc*)

Rnd 11: Ch 3, dc in each of next 2 sts, *ch 2, dc in each of next 3 sts, ch 4, sc in next ch sp, ch 3, sc in next ch sp, ch 4**, dc in each of next 3 sts, rep from * around, ending last rep at **, join in 3rd ch of beg ch-3. (*48 dc, 16 ch-4 sps, 8 ch-3 sps, 8 ch-2 sps, 2 sc*)

Rnd 12: Ch 5 (*counts as first dc and ch-2 sp*), sk next st, *dc in next st, ch 3, dc in next st, ch 2, sk next st, dc in next st, ch 3, **cl** (*see Special Stitch*) in next ch sp, ch 3, sc in next ch sp, ch 3, cl in next ch sp, ch 3**, dc in next st, ch 2, sk next st, rep from * around, ending last rep at **, join in 3rd ch of beg ch-5. (*40 ch-3 sps, 32 dc, 16 ch-2 sps*)

Rnd 13: (Sl st, ch 1, sc) in first ch sp, *ch 3, (sc, ch 6, sc) in next ch sp, ch 3, sc in next ch sp, ch 3, cl in next ch sp, ch 3, sc in next ch sp, ch 4, sc in next ch sp, ch 3, cl in next ch sp, ch 3**, sc in next ch sp, rep from * around, ending last rep at **, join in beg sc. (*48 sc, 48 ch-3 sps, 16 cls, 8 ch-4 sps, 8 ch-6 sps*)

Rnd 14: (Sl st, ch 1, sc) in next ch sp, *ch 1, (dc, ch 1) 7 times in next ch-6 sp, sc in next ch sp, ch 3, cl in next ch sp, ch 4, sc in next ch sp, [ch 3, sc in next ch sp] twice, ch 4, cl in next ch sp, ch 3**, sc in next ch sp, rep from * around, ending last rep at **, join in beg sc. (*56 tr, 32 ch-3 sps, 16 ch-4 sps, 16 cls*)

Rnd 15: Sl st in next ch sp, sl st in next st, ch 3, *[dc in next ch sp, dc in next st] 6 times, ch 4, sk next 2 ch sps, cl in next ch-4 sp, ch 4, sc in next ch sp, ch 3, sc in next ch sp, ch 4, cl in next ch sp, ch 4, sk next ch sp**, dc in next dc, rep from * around, ending last rep at **, join in 3rd ch of beg ch-3. (*104 dc, 32 ch-4 sps, 16 cls, 8 ch-3 sps*)

Rnd 16: Ch 1, sc in first st, *[ch 2, sc in next st] 12 times, ch 4, sk next ch sp, cl in next ch sp, ch 4, sc in next ch sp, ch 4, cl in next ch sp, ch 4**, sc in next st, rep from * around, ending last rep at**, join in 3rd ch of beg ch-3. (*96 ch-2 sps, 32 ch-4 sps, 16 cls*)

Rnd 17: (Sl st, ch 1, sc) in first ch sp, *[ch 2, sc in next ch sp] 12 times, ch 4, sc in next ch sp, ch 3, sc in next ch sp, ch 4, sc in next ch sp, ch 2**, sc in next ch sp, rep from *, ending last rep at **, join in beg sc. (*104 ch-2 sps, 16 ch-4 sps, 8 ch-3 sps*)

Rnd 18: (Sl st, ch 1, sc) in next ch-2 sp, *[ch 2, sc in next ch sp] 10 times, ch 3, sk next ch-2 sp, (dc, ch 1, dc) in next ch sp, ch 4, sc in next ch sp, ch 4, (dc, ch 1, dc) in next ch sp, ch 3, sk next ch sp**, sc in next ch sp, rep from * around, ending last rep at **, join in beg sc. *(80 ch-2 sps, 32 dc, 16 ch-3 sps, 16 ch-4 sps, 16 ch-1 sps)*

Rnd 19: (Sl st, ch 1, sc) in next ch-2 sp, *[ch 2, sc in next ch sp] 9 times, ch 4, sk next ch sp, (dc, ch 1, dc) in next ch-1 sp, [ch 3, sc in next ch sp] twice, ch 3, (dc, ch 1, dc) in next ch sp, ch 4, sk next ch sp**, sc in next ch-2 sp, rep from * around, ending last rep at **, join in beg sc. *(72 ch-2 sps, 32 dc, 24 ch-3 sps, 16 ch-4 sps)*

Rnd 20: (Sl st, ch 1, sc) in next ch-2 sp, *[ch 2, sc in next ch sp] 8 times, ch 4, sk next ch sp, (dc, {ch 1, dc} twice) in next ch sp, ch 3, sk next ch sp, (dc, ch 1, dc) in next ch sp, ch 3, sk next ch sp, (dc, {ch 1, dc} twice) in next ch-1 sp, ch 4, sk next ch sp**, sc in next ch-2 sp, rep from * around, ending last rep at **, join in beg sc. *(64 ch-2 sps, 64 dc, 16 ch-4 sps, 16 ch-3 sps)*

Rnd 21: (Sl st, ch 1, sc) in next ch-2 sp, *[ch 2, sc in next ch sp] 7 times, ch 4, sk next ch sp, (dc, ch 1, dc) in next ch-1 sp, ch 1, (dc, ch 1, dc) in next ch-1 sp, ch 3, sk next ch sp, (dc, ch 1, dc) in next ch-1 sp, ch 3, sk next ch sp, (dc, ch 1 dc) in next ch-1 sp, ch 1, (dc, ch 1, dc) in next ch-1 sp, ch 4, sk next ch sp**, sc in next ch-2 sp, rep from * around, ending last rep at **, join in beg sc. *(80 dc, 56 ch-2 sps, 16 ch-4 sps, 16 ch-3 sps)*

Rnd 22: (Sl st, ch 1, sc) in next ch-2 sp, *[ch 2, sc in next ch sp] 6 times, ch 4, sk next ch sp, (dc, ch 1, dc) in each of next 3 ch-1 sps, ch 3, sk next ch sp, (dc, {ch 1, dc} twice) in next ch-1 sp, ch 3, sk next ch sp, (dc, ch 1 dc) in each of next 3 ch-1 sps, ch 4, sk next ch sp**, sc in next ch-2 sp, rep from * around, ending last rep at **, join in beg sc. *(120 dc, 48 ch-2 sps)*

Rnd 23: (Sl st, ch 1, sc) in next ch-2 sp, *[ch 2, sc in next ch sp] 5 times, ch 5, sk next ch sp, (dc, ch 1) twice in each of next 2 ch-1 sps, (dc, ch 1, dc) in next ch-1 sp, ch 3, sk next ch sp, (dc, ch 1, dc) in each of next 2 ch-1 sps, ch 3, sk next ch sp, (dc, ch 1) twice in each of next 2 ch-1 sps, (dc, ch 1, dc) in next ch-1 sp, ch 5, sk next ch sp**, sc in next ch-2 sp, rep from * around, ending last rep at **, join in beg sc. *(128 dc, 40 ch-2 sps)*

Rnd 24: (Sl st, ch 1, sc) in next ch-2 sp, *[ch 2, sc in next ch sp] 4 times, ch 6, sk next ch sp, [(dc, ch 1, dc) in next ch-1 sp, ch 1, sk next ch-1 sp] twice, (dc, ch 1, dc) in next ch-1 sp, ch 3, sk next ch sp, (dc, ch 1, dc) in next ch sp, ch 1, (dc, ch 1, dc) in next ch sp, ch 3, sk next ch sp, [(dc, ch 1, dc) in next ch-1 sp, ch 1, sk next ch-1 sp] twice, (dc, ch 1, dc) in next ch-1 sp, ch 6, sk next ch sp**, sc in next ch-2 sp, rep from * around, ending last rep at **, join in beg sc. *(128 dc, 32 dc)*

Rnd 25: (Sl st, ch 1, sc) in next ch-2 sp, *[ch 2, sc in next ch sp] 3 times, ch 7, sk next ch sp, [(dc, ch 1, dc) in next ch-1 sp, ch 1, sk next ch-1 sp] twice, (dc, ch 1, dc) in next ch-1 sp, ch 3, sk next ch sp, (dc, ch 1, dc) in each of next 3 ch-1 sps, ch 3, sk next ch sp, [(dc, ch 1, dc) in next ch-1 sp, ch 1, sk next ch-1 sp] twice, (dc, ch 1, dc) in next ch-1 sp, ch 7, sk next ch sp**, sc in next ch-2 sp, rep from * around, ending last rep at **, join in beg sc. *(144 dc, 24 ch-2 sps)*

Rnd 26: (Sl st, ch 1, sc) in next ch-2 sp, *[ch 2, sc in next ch sp] twice, ch 8, sk next ch sp, (dc, ch 1, dc) in each of next 5 ch-1 sps, ch 3, sc in next ch sp, ch 3, (dc, ch 1, dc) in each of next 3 ch-1 sps, ch 3, sc in next ch sp, ch 3, (dc, ch 1, dc) in each of next 5 ch sps, ch 8, sk next ch sp**, sc in next ch-2 sp, rep from * around, ending last rep at **, join in beg sc. *(208 dc, 16 ch-2 sps)*

Rnd 27: (Sl st, ch 1, sc) in next ch-2 sp, *ch 2, sc in next ch-2 sp, ch 9, sk next ch sp, (dc, ch 1, dc) in each of next 5 ch-1 sps, ch 3, sc in next ch sp, ch 1, sc in next ch sp, ch 3, (dc, ch 1, dc) in each of next 3 ch-1 sps, ch 3, sc in next ch sp, ch 1, sc in next ch sp, ch 3, (dc, ch 1, dc) in each of next 5 ch sps, ch 9, sk next ch sp**, sc in next ch-2 sp, rep from * around, ending last rep at **, join in beg sc. *(208 dc, 8 ch-2 sps)*

Rnd 28: (Sl st, ch 1, sc) in next ch-2 sp, *ch 10, sk next ch sp, (sc, ch 2, sc, ch 1) in each of next 4 ch-1 sps, (sc, ch 2, sc) in each of next 2 ch sps, ch 1, sc in next ch sp, ch 1, (sc, ch 2, sc) in next ch sp, (sc, ch 2, sc, ch 1) in each of next 2 ch sps, (sc, ch 2, sc) in each of next 2 ch sps, ch 1, sc in next ch sp, ch 1, (sc, ch 2, sc) in next ch sp, (sc, ch 2, sc, ch 1) in each of next 4 ch sps, (sc, ch 2, sc) in next ch sp, ch 10, sk next ch sp**, sc in next ch-2 sp, rep from * around, ending last rep at **, join in beg sc. Fasten off. ■

Square Pineapple

SKILL LEVEL

INTERMEDIATE

FINISHED SIZE
13 inches square

MATERIALS
- Size 10 crochet cotton:
  350 yds celery
- Size 7/1.65mm steel crochet
  hook or size needed to obtain gauge

GAUGE
Rnds 1–4 = 2½ inches across

PATTERN NOTES
Join with slip stitch as indicated unless
otherwise stated.

Chain-4 at beginning of rounds counts as first
treble crochet unless otherwise stated.

SPECIAL STITCHES
Cluster (cl): Yo twice, insert hook in indicated
place, yo, pull lp through, [yo, pull through
2 lps on hook] twice, *yo twice, insert hook
in same place, yo, pull lp through, [yo, pull
through 2 lps on hook] twice, rep from *, yo,
pull through all 4 lps on hook.

Picot: Ch 3, sl st in top of last st made.

INSTRUCTIONS
DOILY
Rnd 1: Ch 5, **join** (see Pattern Notes) in beg ch to
form ring, **ch 4** (see Pattern Notes), 19 tr in ring,
join in 4th ch of beg ch-4. (20 tr)

Rnd 2: Ch 4, tr in next st, ch 5, sk next st, sc in
next st, ch 5, sk next st, [tr in each of next 2 sts,
ch 5, sk next st, sc in next st, ch 5, sk next st]

around, join in 4th ch of beg ch-4. (8 tr,
8 ch sps, 4 sc)

Rnd 3: Ch 4, tr in next st, *ch 5, sc in next ch sp,
ch 3, sc in next ch sp, ch 5**, tr in each of next 2
sts, rep from * around, ending last rep at **, join
in 4th ch of beg ch-4. (12 ch sps, 8 tr, 8 sc)

Rnd 4: Ch 4, tr in next st, *ch 5, sc in next ch
sp, ch 2, (tr, ch 2, tr) in next ch-3 sp, ch 2, sc in
next ch sp, ch 5**, tr in each of next 2 sts, rep
from * around, ending last rep at **, join in 4th
ch of beg ch-4. (16 tr, 12 ch-2 sps, 8 ch-5 sps, 8 sc)

Rnd 5: Ch 4, tr in next st, ch 5, sc in next ch sp,
ch 4, sk next ch sp, (sc, ch 5, sc) in next ch sp,
ch 4, sk next ch sp, sc in next ch-5 sp, ch 5**, tr
in each of next 2 sts, rep from * around, ending
last rep at **, join in 4th ch of beg ch-4. (20 ch
sps, 16 sc, 8 tr)

Rnd 6: Ch 4, tr in next st, *ch 5, sc in next ch sp,
ch 3, sc in next ch sp, ch 2, 7 tr in next ch sp,
ch 2, sc in next ch sp, ch 3, sc in next ch sp, ch
5**, tr in each of next 2 sts, rep from * around,
ending last rep at **, join in 4th ch of beg ch-4.
(36 tr, 16 sc, 8 ch-5 sps, 8 ch-3 sps, 8 ch-2 sps)

Rnd 7: Ch 4, tr in next st, *[ch 5, sc in next ch sp]
twice, ch 3, sk next ch-2 sp, tr in next tr, [ch 1,
tr in next st] 6 times, ch 3, sk next ch-2 sp, [sc in
next ch sp, ch 5] twice**, tr in each of next 2 sts,
rep from * around, ending last rep at **, join in
4th ch of beg ch-4. (36 tr, 24 ch-1 sps)

Rnd 8: Ch 4, tr in next st, *[ch 5, sc in next ch sp] twice, ch 4, sk next ch sp, sc in next ch-1 sp, [ch 2, sc in next ch-1 sp] 5 times, ch 4, sk next ch sp, [sc in next ch sp, ch 5] twice**, tr in each of next 2 sts, rep from * around, ending last rep at **, join in 4th ch of beg ch-4. *(40 sc, 8 tr)*

Rnd 9: Ch 4, tr in next st, *[ch 5, sc in next ch sp] twice, ch 5, sk next ch sp, sc in next ch-2 sp, [ch 2, sc in next ch-2 sp] 4 times, ch 5, sk next ch sp, [sc in next ch sp, ch 5] twice**, tr in each of next 2 sts, rep from * around, ending last rep at **, join in 4th ch of beg ch-4. *(36 sc, 8 tr)*

Rnd 10: Ch 4, tr in next st, *ch 5, sc in next ch sp, ch 3, **cl** *(see Special Stitches)* in next ch sp, ch 6, sk next ch sp, sc in next ch-2 sp, [ch 2, sc in next ch-2 sp] 3 times, ch 6, sk next ch sp, cl in next ch sp, ch 3, sc in next ch sp, ch 5**, tr in each of next 2 sts, rep from * around, ending last rep at **, join in 4th ch of beg ch-4. *(24 sc, 8 cls, 8 tr)*

Rnd 11: Ch 4, tr in next ch sp, *ch 5, sc in next ch sp, [ch 5, cl in next ch sp] twice, ch 6, sc in next ch-2 sp, [ch 2, sc in next ch sp] twice, ch 6, [cl in next ch sp, ch 5] twice, sc in next ch sp, ch 5**, tr in each of next 2 sts, rep from * around, ending last rep at **, join in 4th ch of beg ch-4. *(16 cls, 8 tr)*

Rnd 12: Ch 4, tr in next ch sp, *ch 5, sc in next ch sp, [ch 5, cl in next ch sp] 3 times, ch 7, sc in next ch-2 sp, ch 2, sc in next ch sp, ch 7, [cl in next ch sp, ch 5] 3 times, sc in next ch sp, ch 5**, tr in each of next 2 sts, rep from * around, ending last rep at **, join in 4th ch of beg ch-4. *(24 cls, 8 tr)*

Rnd 13: Ch 4, tr in next ch sp, *ch 5, sc in next ch sp, [ch 5, cl in next ch sp] 4 times, ch 8, sc in next ch-2 sp, ch 8, [cl in next ch sp, ch 5] 4 times, sc in next ch sp, ch 5**, tr in each of next 2 sts, rep from * around, ending last rep at **, join in 4th ch of beg ch-4. *(32 cls, 8 tr)*

Rnd 14: Ch 4, tr in next ch sp, *[ch 5, sc in next ch sp] twice, [ch 5, cl in next ch sp] 3 times, ch 5, sc in next ch-8 sp, ch 3, sc in next ch-8 sp, [ch 5, cl in next ch sp] 3 times, [ch 5, sc in next ch sp] twice, ch 5**, tr in each of next 2 sts, rep from * around, ending last rep at **, join in 4th ch of beg ch-4. *(24 cls, 8 tr)*

Rnd 15: Ch 4, tr in next ch sp, *[ch 5, sc in next ch sp] 3 times, [ch 5, cl in next ch sp] twice, ch 5, sc in next ch sp, ch 3, cl in next ch sp, ch 3, sc in next ch sp, [ch 5, cl in next ch sp] twice, [ch 5, sc in next ch sp] 3 times, ch 5**, tr in each of next 2 sts, rep from * around, ending last rep at **, join in 4th ch of beg ch-4. *(20 cls, 8 tr)*

Rnd 16: Ch 4, tr in next ch sp, *[ch 5, sc in next ch sp] 4 times, ch 5, cl in next ch sp, ch 5, sc in next ch sp, [ch 3, cl in next ch sp] twice, ch 3, sc in next ch sp, ch 5, cl in next ch sp, [ch 5, sc in next ch sp] 4 times, ch 5**, tr in each of next 2 sts, rep from * around, ending last rep at **, join in 4th ch of beg ch-4. *(16 cls, 8 tr)*

Rnd 17: Ch 4, tr in next ch sp, *[ch 5, sc in next ch sp] 6 times, [ch 3, cl in next ch sp] 3 times, ch 3, sc in next ch sp, [ch 5, sc in next ch sp] 5 times, ch 5**, tr in each of next 2 sts, rep from * around, ending last rep at **, join in 4th ch of beg ch-4. *(48 ch-5 sps, 12 cls, 8 tr)*

Rnd 18: Ch 4, tr in next ch sp, *[ch 5, sc in next ch sp] twice, ch 3, cl in next ch sp, ch 3, sc in next ch sp, ch 5, sc in next ch sp, ch 2, 7 tr in next ch sp, ch 2, sc in next ch sp, [ch 3, cl in next ch sp] twice, ch 3, sc in next ch sp, ch 2, 7 tr in next ch sp, ch 2, sc in next ch sp, ch 5, sc in next ch sp, ch 3, cl in next ch sp, ch 3, sc in next ch sp, ch 5, sc in next ch sp, ch 5**, tr in each of next 2 sts, rep from * around, ending last rep at **, join in 4th ch of beg ch-4. *(64 tr, 16 cls)*

Rnd 19: Ch 4, tr in next ch sp, *[ch 5, sc in next ch sp] twice, [ch 3, cl in next ch sp] twice, ch 3, sc in next ch sp, ch 3, sc in next tr, [ch 2, sc in next tr] 6 times, ch 3, sk next ch sp, sc in next ch sp, ch 3, cl in next ch sp, ch 3, sc in next ch sp, ch 3, sc in next tr, [ch 2, sc in next tr] 6 times, ch 3, sk next ch sp, sc in next ch sp, [ch 3, cl in next ch sp] twice, ch 3, sc in next ch sp, ch 5, sc in next ch sp, ch 5**, tr in each of next 2 sts, rep from * around, ending last rep at **, join in 4th ch of beg ch-4. *(48 ch-2 sps, 20 cls, 8 tr)*

Rnd 20: Ch 4, tr in next ch sp, *[ch 5, sc in next ch sp] twice, [ch 3, cl in next ch sp] 3 times, ch 3, sk next ch sp, sc in next ch-2 sp, [ch 2, sc in next ch-2 sp] 5 times, ch 3, sk next ch sp, sc in next ch sp, ch 5, sc in next ch sp, ch 3, sk next ch sp, sc in next ch-2 sp, [ch 2, sc in next ch-2

sp] 5 times, ch 3, sk next ch sp, [cl in next ch sp, ch 3] 3 times, [sc in next ch sp, ch 5] twice*, tr in each of next 2 sts, rep from * around, ending last rep at **, join in 4th ch of beg ch-4. *(40 ch-2 sps, 24 cls, 8 tr)*

Rnd 21: Ch 4, tr in next ch sp, *[ch 5, sc in next ch sp] 3 times, [ch 3, cl in next ch sp] twice, ch 3, sc in next ch sp, ch 3, sc in next ch-2 sp, [ch 2, sc in next ch-2 sp] 4 times, ch 3, sc in next ch sp, ch 3, 7 dc in next ch-5 sp, ch 3, sc in next ch sp, ch 3, sc in next ch-2 sp, [ch 2, sc in next ch-2 sp] 4 times, ch 3, sc in next ch sp, [ch 3, cl in next ch sp] twice, ch 3, sc in next ch sp, [ch 5, sc in next ch sp] twice, ch 5*, tr in each of next 2 sts, rep from * around, ending last rep at **, join in 4th ch of beg ch-4. *(36 tr, 32 ch-2 sps, 16 cls)*

Rnd 22: Ch 4, tr in next ch sp, *[ch 5, sc in next ch sp] 4 times, ch 3, cl in next ch sp, [ch 3, sc in next sp] twice, ch 3, sc in next ch-2 sp, [ch 2, sc in next ch-2 sp] 3 times, ch 3, sc in next ch sp,

ch 3, sc in next tr, [ch 2, sc in next tr] 6 times, ch 3, sc in next ch sp, ch 3, sc in next ch-2 sp, [ch 2, sc in next ch-2 sp] 3 times, [ch 3, sc in next ch sp] twice, ch 3, cl in next ch sp, ch 3, sc in next ch sp, [ch 5, sc in next ch sp] 3 times, ch 5**, tr in each of next 2 sts, rep from * around, ending last rep at **, join in 4th ch of beg ch-4. *(48 ch-2 sps, 8 cls, 8 trs)*

Rnd 23: Ch 4, tr in next ch sp, *[ch 5, sc in next ch sp] 7 times, ch 4, sk next ch sp, sc in next ch-2 sp, [ch 2, sc in next ch-2 sp] twice, ch 4, sk next ch sp, sc in next ch sp, ch 3, sc in next ch-2 sp, [ch 2, sc in next ch-2 sp] 5 times, ch 3, sc in next ch sp, ch 4, sk next ch sp, sc in next ch-2 sp, [ch 2, sc in next ch-2 sp] twice, ch 4, sk next ch sp, sc in next ch sp, [ch 5, sc in next ch sp] 6 times, ch 5**, tr in each of next 2 sts, rep from * around, ending last rep at **, join in 4th ch of beg ch-4. *(56 ch-5 sps, 36 ch-2 sps, 16 ch-4 sps, 8 ch-3 sps, 8 trs)*

Rnd 24: Ch 4, tr in next ch sp, *[ch 5, sc in next ch sp] 7 times, ch 6, sk next ch sp, sc in next ch-2 sp, ch 2, sc in next ch sp, ch 6, sk next ch sp, sc in next ch sp, ch 3, sc in next ch-2 sp, [ch 2, sc in next ch-2 sp] 4 times, ch 3, sc in next ch sp, ch 6, sk next ch sp, sc in next ch-2 sp, ch 2, sc in next ch-2 sp, ch 6, sk next ch sp, sc in next ch sp, [ch 5, sc in next ch sp] 6 times, ch 5**, tr in each of next 2 sts, rep from * around, ending last rep at **, join in 4th ch of beg ch-4. (56 ch-5 sps, 24 ch-2 sps, 16 ch-6 sps, 8 tr)

Rnd 25: Ch 4, tr in next ch sp, *[ch 5, sc in next ch sp] 7 times, ch 7, sk next ch sp, sc in next ch-2 sp, ch 7, sk next ch sp, sc in next ch sp, ch 3, sc in next ch-2 sp, [ch 2, sc in next ch-2 sp] 3 times, ch 3, sc in next ch sp, ch 7, sk next ch sp, sc in next ch-2 sp, ch 7, sk next ch sp, sc in next ch sp, [ch 5, sc in next ch sp] 6 times, ch 5**, tr in each of next 2 sts, rep from * around, ending last rep at **, join in 4th ch of beg ch-4. (56 ch-5 sps, 16 ch-7 sps, 8 tr)

Rnd 26: Ch 4, tr in next ch sp, *[ch 5, sc in next ch sp] 10 times, ch 4, sc in next ch-2 sp, [ch 2, sc in next ch-2 sp] twice, ch 4, sc in next ch sp, [ch

5, sc in next ch sp] 9 times, ch 5**, tr in each of next 2 sts, rep from * around, ending last rep at **, join in 4th ch of beg ch-4. (80 ch-5 sps, 8 ch-4 sps, 8 tr)

Rnd 27: Ch 4, tr in next ch sp, *[ch 5, sc in next ch sp] 11 times, ch 5, sc in next ch-2 sp, ch 2, sc in next ch-2 sp, [ch 5, sc in next ch sp] 11 times, ch 5**, tr in each of next 2 sts, rep from * around, ending last rep at **, join in 4th ch of beg ch-4. (96 ch-5 sps, 8 tr)

Rnd 28: Ch 4, tr in next ch sp, *[ch 5, sc in next ch sp] 12 times, ch 5, sk next ch-2 sp, sc in next ch sp, [ch 5, sc in next ch sp] 11 times, ch 5**, tr in each of next 2 sts, rep from * around, ending last rep at **, join in 4th ch of beg ch-4. (100 ch-5 sps, 8 tr)

Rnd 29: Ch 7, sl st in 4th ch from hook, tr in next st, ch 4, (sc, **picot**—see Special Stitches, sc, ch 4) in each ch sp across to next tr, *tr in next tr, picot, tr in next tr, ch 4, (sc, picot, sc, ch 4) in each ch sp across to next tr, rep from * around, join in 4th ch of beg ch-7. Fasten off. ∎

Snowflake Pineapple

SKILL LEVEL

INTERMEDIATE

FINISHED SIZE
9¼ inches in diameter

MATERIALS
- Aunt Lydia's Classic Crochet size 10 crochet cotton (350 yds per ball): 1 ball #210 antique white
- Size 7/1.65mm steel crochet hook or size needed to obtain gauge

GAUGE
Rnds 1–4 = 2½ inches across

PATTERN NOTES
Join with slip stitch as indicated unless otherwise stated.

Chain-4 at beginning of rounds counts as first treble crochet unless otherwise stated.

SPECIAL STITCHES
Beginning cluster (beg cl): Ch 3, yo twice, insert hook in same st, yo, pull lp through, [yo, pull through 2 lps on hook] twice, yo twice, insert hook in next st, yo, pull lp through, [yo, pull through 2 lps on hook] twice, yo twice, insert hook in same st, yo, pull lp through, [yo, pull through 2 lps on hook] twice, yo, pull through all 4 lps on hook.

Cluster (cl): *Yo twice, insert hook in next tr, yo, pull lp through, [yo, pull through 2 lps on hook] twice, yo twice, insert hook in same st, yo, pull lp through, [yo, pull through 2 lps on hook] twice, rep from *, yo, pull through all 5 lps on hook.

Picot: Ch 3, sl st in last sc made.

INSTRUCTIONS
DOILY

Rnd 1: Ch 6, **join** (see Pattern Notes) in beg ch to form ring, **ch 4** (see Pattern Notes), 15 tr in ring, join in 4th ch of beg ch-4. (16 tr)

Rnd 2: Ch 4, tr in next st, ch 3, [tr in each of next 2 sts, ch 3] around, join in 4th ch of beg ch-4. (16 tr, 8 ch sps)

Rnd 3: Ch 4, tr in next st, ch 4, sc in next ch sp, ch 4, [tr in each of next 2 sts, ch 4, sc in next ch sp, ch 4] around, join in 4th ch of beg ch-4. (16 tr, 16 ch sps)

Rnd 4: Ch 4, tr in next st, *ch 4, sc in next ch sp, ch 3, sc in next ch sp, ch 4**, tr in each of next 2 sts, rep from * around, ending last rep at **, join in 4th ch of beg ch-4. (24 ch sps, 16 tr)

Rnd 5: Ch 4, tr in next st, *ch 4, sc in next ch sp, [ch 3, sc in next ch sp] twice, ch 4**, tr in each of next 2 sts, rep from * around, ending last rep at **, join in 4th ch of beg ch-4. (32 ch sps, 16 tr)

Rnd 6: Ch 4, tr in next st, *ch 4, sc in next ch sp, [ch 3, sc in next ch sp] 3 times, ch 4**, tr in each of next 2 sts, rep from * around, ending last rep at **, join in 4th ch of beg ch-4. (40 ch sps, 16 tr)

Rnd 7: Ch 4, tr in next st, *ch 4, sc in next ch sp, ch 3, sc in next ch sp, ch 3, (tr, ch 1, tr) in next ch sp, [ch 3, sc in next ch sp] twice, ch 4**, tr in each of next 2 sts, rep from * around, ending last rep at **, join in 4th ch of beg ch-4. (56 ch sps, 32 tr)

Rnd 8: Ch 4, tr in next st, *ch 4, sc in next ch sp, ch 3, sc in next ch sp, ch 3, sk next ch sp, 7 tr in next ch-1 sp, ch 3, sk next ch sp, sc in next ch sp, ch 3, sc in next ch sp, ch 4**, tr in each of next 2 sts, rep from * around, ending last rep at **, join in 4th ch of beg ch-4. *(72 tr, 48 ch sps)*

Rnd 9: Ch 4, tr in next st, *ch 4, sc in next ch sp, ch 3, sc in next ch sp, ch 3, sk next ch sp, sc in next tr, [ch 2, sc in next tr] 6 times, ch 3, sk next ch sp, sc in next ch sp, ch 3, sc in next ch sp, ch 4**, tr in each of next 2 sts, rep from * around, ending last rep at **, join in 4th ch of beg ch-4. *(48 ch-2 sps, 32 ch-3 sps, 16 ch-4 sps, 16 tr)*

Rnd 10: Ch 4, tr in next st, *ch 4, sc in next ch sp, ch 3, sc in next ch sp, ch 4, sk next ch sp, sc in next ch-2 sp, [ch 2, sc in next ch-2 sp] 5 times, ch 4, sk next ch sp, sc in next ch sp, ch 3, sc in next ch sp, ch 4**, tr in each of next 2 sts, rep from * around, ending last rep at **, join in 4th ch of beg ch-4. *(40 ch-2 sps, 32 ch-4 sps, 16 ch-3 sps, 16 tr)*

Rnd 11: Ch 4, tr in next st, *ch 4, sc in next ch sp, ch 3, sc in next ch sp, ch 5, sk next ch sp, sc in next ch-2 sp, [ch 2, sc in next ch-2 sp] 4 times, ch 5, sk next ch sp, sc in next ch sp, ch 3, sc in next ch sp, ch 4**, tr in each of next 2 sts, rep from * around, ending last rep at **, join in 4th ch of beg ch-4. *(32 ch-2 sps, 16 ch-5 sps, 16 ch-4 sps, 16 ch-3 sps, 16 tr)*

Rnd 12: Ch 4, tr in next st, *ch 4, sc in next ch sp, ch 3, sc in next ch sp, ch 6, sk next ch sp, sc in next ch-2 sp, [ch 2, sc in next ch-2 sp] 3 times, ch 6, sk next ch sp, sc in next ch sp, ch 3, sc in next ch sp, ch 4**, tr in each of next 2 sts, rep from * around, ending last rep at **, join in 4th ch of beg ch-4. *(24 ch-2 sps, 16 ch-6 sps, 16 ch-4 sps, 16 ch-3 sps, 16 tr)*

Rnd 13: Ch 4, tr in next st, *ch 4, sc in next ch sp, ch 3, sc in next ch sp, ch 7, sk next ch sp, sc in next ch-2 sp, [ch 2, sc in next ch-2 sp] twice, ch 7, sk next ch sp, sc in next ch sp, ch 3, sc in next ch sp, ch 4**, tr in each of next 2 sts, rep from * around, ending last rep at **, join in 4th ch of beg ch-4. *(16 ch-2 sps, 16 ch-7 sps, 16 ch-4 sps, 16 ch-3 sps, 16 tr)*

Rnd 14: Ch 4, tr in next st, *ch 4, sc in next ch sp, ch 3, sc in next ch sp, ch 8, sk next ch sp, sc in next ch-2 sp, ch 2, sc in next ch-2 sp, ch 8, sk next ch sp, sc in next ch sp, ch 3, sc in next ch sp, ch 4**, tr in each of next 2 sts, rep from * around, ending last rep at **, join in 4th ch of beg ch-4. *(16 ch-8 sps, 16 ch-4 sps, 16 ch-3 sps, 16 tr, 8 ch-2 sp)*

Rnd 15: Beg cl *(see Special Stitches)*, [ch 4, sc in next ch sp] 7 times, ch 4,*cl *(see Special Stitches)*, [ch 4, sc in next ch sp] 7 times, ch 4, rep from * around, join in top of beg cl. *(64 ch sps, 8 cls)*

Rnd 16: Sl st in next ch-4 sp, ch 1, (sc, **picot**—*see Special Stitches*, sc) in same ch sp, ch 4, [(sc, picot, sc) in next ch sp, ch 4] around, join in beg sc. Fasten off. ■

Stitch Guide

For more complete information, visit **FreePatterns.com**

ABBREVIATIONS

beg	begin/begins/beginning
bpdc	back post double crochet
bpsc	back post single crochet
bptr	back post treble crochet
CC	contrasting color
ch(s)	chain(s)
ch-	refers to chain or space previously made (e.g., ch-1 space)
ch sp(s)	chain space(s)
cl(s)	cluster(s)
cm	centimeter(s)
dc	double crochet (singular/plural)
dc dec	double crochet 2 or more stitches together, as indicated
dec	decrease/decreases/decreasing
dtr	double treble crochet
ext	extended
fpdc	front post double crochet
fpsc	front post single crochet
fptr	front post treble crochet
g	gram(s)
hdc	half double crochet
hdc dec	half double crochet 2 or more stitches together, as indicated
inc	increase/increases/increasing
lp(s)	loop(s)
MC	main color
mm	millimeter(s)
oz	ounce(s)
pc	popcorn(s)
rem	remain/remains/remaining
rep(s)	repeat(s)
rnd(s)	round(s)
RS	right side
sc	single crochet (singular/plural)
sc dec	single crochet 2 or more stitches together, as indicated
sk	skip/skipped/skipping
sl st(s)	slip stitch(es)
sp(s)	space/spaces/spaced
st(s)	stitch(es)
tog	together
tr	treble crochet
trtr	triple treble
WS	wrong side
yd(s)	yard(s)
yo	yarn over

Chain—ch: Yo, pull through lp on hook.

Slip stitch—sl st: Insert hook in st, pull through both lps on hook.

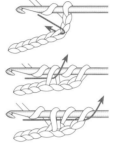

Single crochet—sc: Insert hook in st, yo, pull through st, yo, pull through both lps on hook.

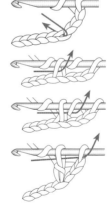

Front post stitch—fp: Back post stitch—bp: When working post st, insert hook from right to left around post st on previous row.

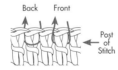

Front loop—front lp Back loop—back lp

Half double crochet— hdc: Yo, insert hook in st, yo, pull through st, yo, pull through all 3 lps on hook.

Double crochet—dc: Yo, insert hook in st, yo, pull through st, [yo, pull through 2 lps] twice.

Change colors: Drop first color; with 2nd color, pull through last 2 lps of st.

Treble crochet—tr: Yo twice, insert hook in st, yo, pull through st, [yo, pull through 2 lps] 3 times.

Double treble crochet—dtr: Yo 3 times, insert hook in st, yo, pull through st, [yo, pull through 2 lps] 4 times.

Single crochet decrease (sc dec): (Insert hook, yo, draw lp through) in each of the sts indicated, yo, draw through all lps on hook.

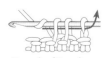

Example of 2-sc dec

Half double crochet decrease (hdc dec): (Yo, insert hook, yo, draw lp through) in each of the sts indicated, yo, draw through all lps on hook.

Example of 2-hdc dec

Double crochet decrease (dc dec): (Yo, insert hook, yo, draw loop through, draw through 2 lps on hook) in each of the sts indicated, yo, draw through all lps on hook.

Example of 2-dc dec

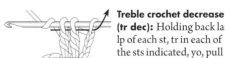

Example of 2-tr dec

Treble crochet decrease (tr dec): Holding back last lp of each st, tr in each of the sts indicated, yo, pull through all lps on hook.

US		UK
sl st (slip stitch)	=	sc (single crochet)
sc (single crochet)	=	dc (double crochet)
hdc (half double crochet)	=	htr (half treble crochet)
dc (double crochet)	=	tr (treble crochet)
tr (treble crochet)	=	dtr (double treble crochet)
dtr (double treble crochet)	=	ttr (triple treble crochet)
skip	=	miss

Metric Conversion Charts

METRIC CONVERSIONS

yards	x	.9144	=	metres (m)
yards	x	91.44	=	centimetres (cm)
inches	x	2.54	=	centimetres (cm)
inches	x	25.40	=	millimetres (mm)
inches	x	.0254	=	metres (m)

centimetres	x	.3937	=	inches
metres	x	1.0936	=	yards

INCHES INTO MILLIMETRES & CENTIMETRES (Rounded off slightly)

inches	mm	cm	inches	cm	inches	cm	inches	cm
1/8	3	0.3	5	12.5	21	53.5	38	96.5
1/4	6	0.6	5 1/2	14	22	56	39	99
3/8	10	1	6	15	23	58.5	40	101.5
1/2	13	1.3	7	18	24	61	41	104
5/8	15	1.5	8	20.5	25	63.5	42	106.5
3/4	20	2	9	23	26	66	43	109
7/8	22	2.2	10	25.5	27	68.5	44	112
1	25	2.5	11	28	28	71	45	114.5
1 1/4	32	3.2	12	30.5	29	73.5	46	117
1 1/2	38	3.8	13	33	30	76	47	119.5
1 3/4	45	4.5	14	35.5	31	79	48	122
2	50	5	15	38	32	81.5	49	124.5
2 1/2	65	6.5	16	40.5	33	84	50	127
3	75	7.5	17	43	34	86.5		
3 1/2	90	9	18	46	35	89		
4	100	10	19	48.5	36	91.5		
4 1/2	115	11.5	20	51	37	94		

KNITTING NEEDLES CONVERSION CHART

Canada/U.S.	0	1	2	3	4	5	6	7	8	9	10	10½	11	13	15
Metric (mm)	2	2¼	2¾	3¼	3½	3¾	4	4½	5	5½	6	6½	8	9	10

CROCHET HOOKS CONVERSION CHART

Canada/U.S.	1/B	2/C	3/D	4/E	5/F	6/G	8/H	9/I	10/J	10½/K	N
Metric (mm)	2.25	2.75	3.25	3.5	3.75	4.25	5	5.5	6	6.5	9.0

Annie's Attic®

TOLL-FREE ORDER LINE or to request a free catalog (800) LV-ANNIE (800) 582-6643
Customer Service (800) AT-ANNIE (800) 282-6643, **Fax** (800) 882-6643
Visit AnniesAttic.com
We have made every effort to ensure the accuracy and completeness of these instructions.
We cannot, however, be responsible for human error, typographical mistakes or variations in individual work.

ISBN: 978-1-59635-257-5